基督教家庭服務中心
Christian Family Service Centre

Bear Your Mind
熊 不 喜 歡 孤 單 一 個 ®

活在當下，
是幸福的開始。

總幹事
郭烈東先生, JP

本會服務一直「以人為本，以家為心」。在過往的一年，我們深刻體會到疫情對各個家庭的影響，在「口罩」的日常生活中，彷彿已忘記了「笑容」，甚至忘記了很多熟悉及親切的面孔，人與人之間的距離恐怕會愈來愈遠，為社會帶來精神健康危機！

有見及此，我們精神健康服務團隊把握時機從海外引入「接納與承諾療法」，並率先結合於家庭精神健康推廣的工作上，效果十分良好，成功提升家庭受眾的「心理靈活性」，鼓勵大家更勇敢地體驗、觀察和接納各種新常態，由心享受更具價值、意義及幸福感的人生！冀望此書能引起更多業界朋友對「接納與承諾療法」於社會服務應用的交流及討論，共同為香港家庭打打氣！

副總幹事
梁少玲女士

「幸福寶石」不單是我們生活強勁、持久的「燃料」，更是人生的「指南針」！當中不講求宏大的工程，反鼓勵服務受眾從最小的、最簡單的、最容易的一步著手，是能力範圍內逐步「燃點」屬於自己的靈魂火焰，轉化個人生命的豐盛，倡議「活在當下」的人生觀！

此書延續了精神健康服務同工多年來推動「能耐為本取向」介入手法的本地化工作智慧，更刻意加入時下聲音導讀效果，並以自創動漫故事作媒介，冀盼能進一步打入年輕家庭組群，貫徹「及早介入」、「零標籤」等精神健康推廣工作方針！我們特別感謝臨床心理學家Jessica為此書的編輯工作擔任專家顧問，亦感謝您的閱讀及支持，誠邀大家共同為「接納與承諾療法」的本地化工作而努力！

ACT的理念及由來

聲音導航

接納與承諾療法（Acceptance and commitment therapy, ACT）是由 Steven C. Hayes, Kelly G. Wilson 及 Kirk Strosahl 三位心理學家發明的心理治療取向。ACT 是以正念為本的其中一種認知行為治療，包含六個元素：活在當下、價值、承諾行動、接納、認知脫鉤及覺察的自我。ACT 對心理健康的假設是人類生存本身就是有痛苦的。ACT的宗旨就是學習怎樣提高我們的心理靈活性去體驗、觀察和接納這些痛苦，並認清和實踐個人價值，即使遇到困境或感到痛苦時亦不會逃避。這樣，我們便可以過著有價值、意義和幸福的生活。

臨床心理學家解說
Jessica

3

ACT的 六項基本原則

1. 活在當下
2. 認知脫鉤
3. 覺察的自我
4. 接納
5. 價值觀
6. 承諾行動

承諾與行為改變過程
Commitment and Behavior Change Processes

活在當下
Contact with present moment
(Conceptualized Past and Feared Future)

接納
Acceptance
(Experiential
Avoidance)

價值觀
Values
(Lack of
values clarity)

心理靈活性
Psychological
Flexibility
(Inflexibility)

認知脫鉤
Cognitive Defusion
(Fusion)

承諾行動
Committed Action
(Inaction, Impuisivity
or Avoidance)

覺察的自我
Self as Context
(Attachment to conceptualized self)

正念與接納過程
Mindfulness and Acceptance Processes

Reference
Hayes, S.C., & Lillis, J. (2012). Acceptance and Commitment Therapy. American Psychological Association (Theories of Psychotherapy Series).

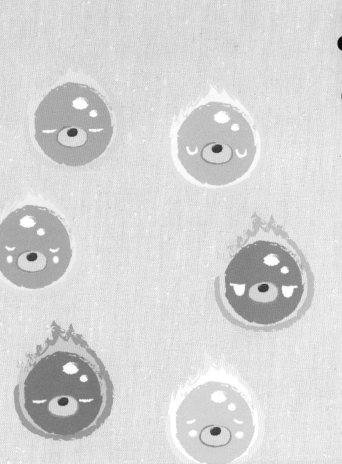

序章

迷失的心靈

從前，有一個名為「心靈綠洲」的地方。

裡面居住的動物
有著各式各樣的情緒,

他們一直希望得到傳說中的幸福和快樂。

其中一位居民 ──「熊熊」和其他人都一樣。
每天想著怎樣尋得幸福和快樂。

有一日，
他在家中找到一幅地圖，

地圖上的標示讓他發現距離「心靈綠洲」不遠的地方－「生命都市」
一直都散發著「幸福的光芒」，並深深被它所吸引。

他再四處訪尋古書才得知「幸福的光芒」是來自「幸福寶石」，書上還記載著誰人得到幸福寶石就能得到一輩子的幸福快樂，所以他決定和朋友一起到訪「生命都市」，尋找「幸福寶石」。

熊熊和朋友到達「生命都市」之後，發現到處都是灰暗一遍，
與心目中的想像不大一樣，也見不到「幸福寶石」。

12

可是，熊熊決心要尋找「幸福寶石」並獲得獨一無二的幸福快樂，故打算搭營生火暫居在這地方，並開始四處交朋結友，希望從他們身上打聽更多關於「幸福寶石」的東西。

可是，無論他如何努力融入當地的生活及認識新的朋友，都總是被拒絕……熊熊開始感到疑惑。

不過，即使其他人不明白、甚至取笑他的夢想（想找到「幸福寶石」），
認為他只是浪費時間、花心機在一些不可能的事上，但熊熊仍然堅持自己的
信念、夢想⋯⋯

日子一日一日地過去，身邊的朋友也逐一離開隊伍返回「心靈綠洲」……

隨著朋友的離開及其他人的冷嘲熱諷，熊熊也開始質疑……

「幸福寶石」是否真的存在？
他的堅持是正確的嗎？

熊熊一直走、一直走，走到湖邊，
遇上正在休息的「自在大師」。

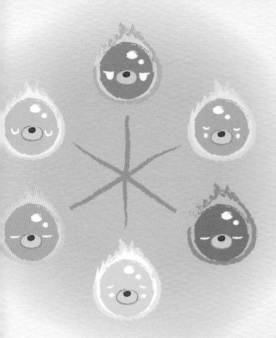

「自在大師」能看到人身上的「靈魂火焰」，火越旺盛的人，越能夠擁抱幸福。可是他感受到熊熊身上的六種靈魂火焰都十分微弱……

自在大師動了慈心準備向熊熊傳授「心靈自在法」，為他重新注入擁抱幸福的力量。

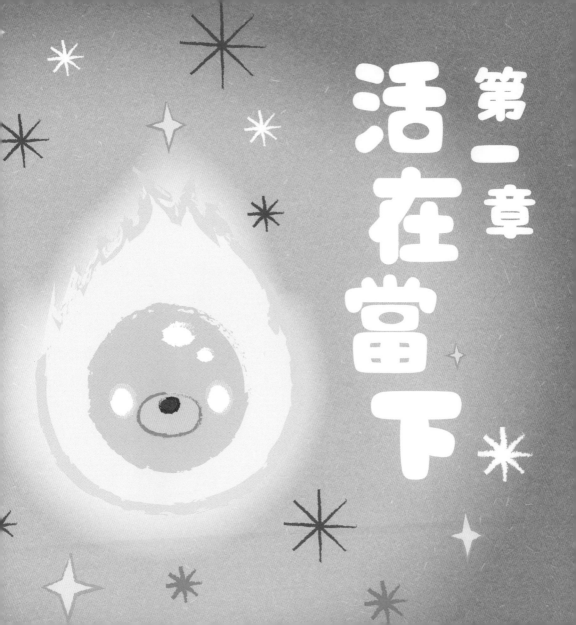

第一章 活在當下

熊熊帶著微弱的靈魂在湖邊與「自在大師」相遇

嗨~

你心目中的幸福寶石是怎樣的？

請問你有沒有聽過關於「幸福寶石」的故事？

我曾經在書上得知幸福寶石應該是一顆耀眼的寶石，能為人帶來幸福和快樂，所以是十分珍貴的。

我心目中的幸福寶石可能與你所想的有些少出入，不過我知道它在哪裡可以找到，你想跟我一起去看看嗎？

熊熊感到疑惑……但最後還是一鼓作氣地跟著自在大師去看過究竟。

多謝你願意踏出重要的第一步，為自己找尋幸福和快樂，等我介紹下自己，我是來去無蹤的自在大師，我有特殊的能力，異於常人。

等我為你介紹一些你從未見過的東西，這個靈魂的名字叫做「當下」。

22

過去

現在

人經常活在過去的回憶，或未來的擔憂想法之中，
但卻很少認真地感受及覺察「這一刻」的自己。

將來

自在大師邀請熊熊，不帶批判，單純地注意自己的
感受、想法和身體的反應。

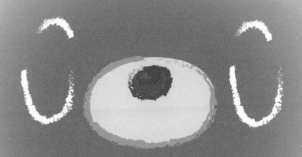

熊熊鬆一鬆肩膊，
感到肩頸有一點酸軟，

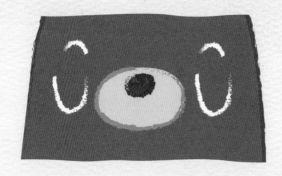

口有一點乾渴，

腿有一點累……

而且每一寸皮膚也感受到不同程度的溫度，

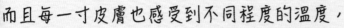

包括太陽的暖意，

微風的清涼。

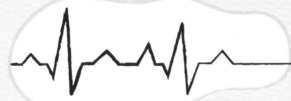

熊熊進一步感受到心臟、
血脈微微的躍動。

然後，自在大師邀請熊熊感受內心的感覺，熊熊回想起……

別人冷嘲熱諷的眼光……

追尋夢想，
但期待落空的失落感……

對自己堅持的
懷疑……

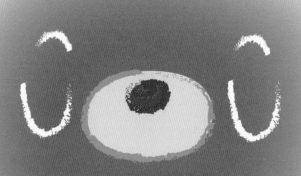

漸漸，內心浮現孤單、寂寞和失望的感覺。

熊熊向自在大師說出這些想法及感受。

我們有這些經歷，而產生這些想法和感受都是很正常的，我們可以嘗試讓它們存在並覺察它們就可以了。

28

熊熊聽到自在大師的回應，這番話猶如當頭棒喝！

他回一回神，「當下」這個靈魂便重新燃點起來。

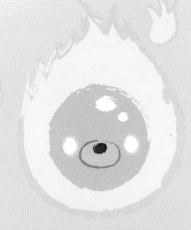

活在當下

聲音導航

臨床心理學家解說
Jessica

我們很多時候都會被過去與未來的事情纏繞著:執著於過往的行為或決定,擔心將來可能發生的事情,令我們心情低落、焦躁不安。事實上,過去的我們改變不了,將來的也控制不到,只有現在是我們可以掌握的。當我們發現自己被負面的思想、情緒和記憶等內在經驗困擾著時,可以提醒自己回到當下,例如:專注此刻五官所感受到的,仔細運用五感觀察並形容一件物件、數呼吸、正念呼吸等。學懂「回到當下」的竅門,就能讓我們更容易重拾平安及自在的感覺。

第二章

認知脱鈎

自在大師隨即又見到熊熊的另一個靈魂火焰 -「解結」變得愈來愈暗，於是就問熊熊……

你內心是否被很多事情、想法、感受纏繞著？

熊熊低著頭……

我一直都希望得到「幸福快樂」，可惜，現實總是遇到很多讓人難過的事情，令我懷疑自己是否有能力擁抱「幸福」。

自在大師突然變出一架列車，
熊熊嚇了一跳。

列車開始起動，自在大師請熊熊細心觀察列車。

在每一卡列車上，都載着熊熊過去的回憶片段和感受，當熊熊想
再走近一點去看清楚當中發生的一切時，自在大師領熊熊到列車
上方的天橋。

他們站在天橋上，靜靜地觀察著每一個片段和感受。

然後一卡又一卡的列車順著
路軌離他們愈來愈遠。

同時，熊熊觀察到遠方，

原來也有其他列車在城市內漫遊著。

頓時，熊熊覺得那些想法的影響沒有想像中那麼強大，
內心變得平靜了。

「解結」的靈魂重新燃點起來。

認知脫鈎

聲音導航

臨床心理學家解說
Jessica

很多時候，我們都不知不覺成為了思想的奴隸，任由它們操控我們的行為及決定。原因是我們都把思想當作事實，亦把思想與自己融為一體。每當一些困擾我們的思想出現時，我們都會驚慌失措，並想更正它們、消除它們或是躲避它們。其實，我們只需要學習去觀察我們的思想，無論是正面的、負面的或中性的，讓它們在腦海中出現、消散、再出現、再消散，它們的威力就會漸漸減弱。這樣，我們便能成為思想的主人，重拾人生的主導權，讓我們做自己認為有意義的事情，走自己想走的路。

第三章

覺察的自我

下一個等待甦醒的靈魂是「覺察我」，

自在大師邀請熊熊到城市的大街逛一逛。

熊熊跟隨自在大師，走進城市
大街上一間有名的劇院，

劇院內外均裝修得十分華麗，熊熊陶醉在各種特色的事物上。

一路走著走著，熊熊和自在大師走進其中一個
劇院子內，只有他們坐在觀眾席上，

突然台上的聚光燈照射到台上正中間的演員
身上，他竟是……？

台上的主角，

原來就是熊熊！

台上的熊熊會
因為別人的讚賞而高興、

會為了得到別人的認同而努力。
亦會因為被拒絕而失望、因為被誤解而流淚……

於是自在大師將一個神奇「搖控器」交給熊熊，他可以用這個搖控器控制台上的聚光燈射在那裡、亦可以控制當中場景發生的速度。

台下的熊熊嘗試用搖控器控制台上的聚光燈，並打在剛才每一個場景當中，

當熊熊再重新看著台上的自己時，在保持距離下與這個自己連結後，熊熊更能明白和清楚內心的想法和感受。

你只需要學習如何使用能轉換角度的搖控器，靈活地留意自己內在和外在的經驗，純粹地完全地接受那個自己，你就會得著那份與生俱來的禮物-盛載內心經驗的容器。

當你能留在觀眾席上細細觀察台上發生的一切，你會發現自己不會那麼容易被個別負面的感受、想法和回憶所淹沒。

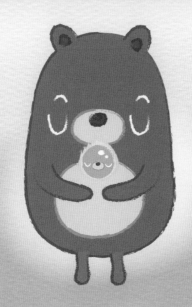

熊熊明白到這一切的奧秘後，「覺察我」的靈魂也跟著甦醒過來。

覺察的自我

聲音導航

臨床心理學家解說
Jessica

我們常說「人生如舞台」，舞台上的每一個故事情節就正正好像生命中的每一個經驗。我們就是自己生命中的「主角」，經歷著故事的起承轉合，亦是人生的甜酸苦辣。 同時，我們亦有這個與生俱來的能力以「觀眾」的角度去觀察著我們這個人生舞台中所經歷的一切，靈活地選擇我們想觀察的每一個內在感覺、想法、記憶和事情。只要我們可以多訓練這個內在能力，便能靈活地把自己所經歷的視為我們的一個部分，而不是我們的全部，讓我們更容易接受生命中的起跌，更自在地生活。

第四章

接納

熊熊的一半靈魂已經
重新燃點起來！

要繼續加油喔！

熊熊和自在大師離開劇院，
再次走到大街。

剛才載著不同憂傷片段的
列車也來到大街上。

熊熊發現每架列車上都是不同人的故事。

其實每卡列車都盛載著不同人的經歷和感受。

那些你們不喜歡的東西可能會纏著你，不過
待一會兒後，它們又會游走到別處。

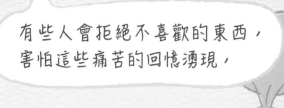

有些人會拒絕不喜歡的東西，
害怕這些痛苦的回憶湧現，

但這樣，列車反而會更加纏繞著
他們，為車卡添上更多的負擔。

如果我們能夠接納它們的到來，不抗拒它們的存在，亦不要將它們抑壓起來，而是用開放的心翻看列車上的故事，

留意當中故事的細節，同時容讓我們對那些故事的內容產生不同的想法和感受，那麼我們就可以帶著這些故事，經營我們想過的生活。

接著，熊熊的回憶列車來到他的身邊。

無論車上載著是我什麼的故事，都接受它吧，
這些都是屬於我的故事。

之後，列車就離開了。

這就是「接納」的力量了。

之後，熊熊的「接納」靈魂就重新燃點起來。

接納

聲音導航

臨床心理學家解說
Jessica

如果我們是天空，我們的內在經驗就像不同的氣象。「接納」就是讓自己有天空般廣大的心靈空間去盛載變化多端的內在經驗，且非持著要改變它們的態度。接納就是不設法去對抗或逃避我們的思想、情緒、記憶或慾望。對抗或逃避的方法往往讓它們對我們的影響變得強大，使我們愈來愈痛苦。譬如：親人離世會令我們感到悲痛，或是遇到不公平的對待會令我們感到沮喪和憤怒。接納就是認識到這些經歷所產生的情緒反應都是自然的，確認這些情緒的存在，並以好奇和開放的態度去了解它們，而不作批判、埋怨和否定它們。

第五章

價值觀

熊熊與自在大師離開大街，走到城市外圍的迷幻森林。

迷幻森林中有著各式各樣的奇珍異寶，但當中只有一些寶物你能夠看得到和拿起來，只要你能夠找到那些生命中重要的寶藏，「價值」的靈魂就能重新燃點了。

熊熊急不及待地走進森林，發現真的有各式各樣的寶物在空中浮動，

他嘗試伸手觸摸那些寶物，不過原來看到的寶物都不是可以拿上手的。

不過，也不打緊，他心底裡很清楚，自己想要的寶物是什麼……

就是「幸福寶石」！熊熊想著「幸福寶石」一定在這個森林裡！

熊熊不斷尋找……

尋找……

尋找內心的寶藏……

終於，熊熊見到眼前最耀眼的寶石，他相信這就是「幸福寶石」了！

當他伸手想把它拿上手時，
他竟然無法把它拿上手。

而「價值」靈魂也沒有因著找到「幸福寶石」而有所反應。

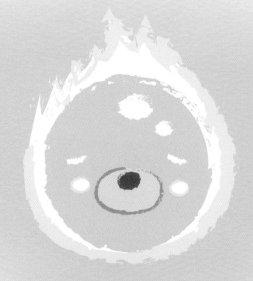

這真的是你生命中最重要的東西嗎？

熊熊想了想，腦海浮現出來的……

是同伴、是家鄉的親人。

熊熊腦海裡又再浮現被溫柔地看待的片段、被別人肯定的感覺。經歷過期待落空和孤單的熊熊，希望得到溫柔的關心和肯定，亦令他重視人與人之間的關愛、真誠的相處、尊重和接納。

熊熊更發現自遇上自在大師後，他開始踏上這趟未知的旅程，原來自己也有這份面對未知的勇氣。

原來真誠、關愛、尊重、接納和勇氣就是熊熊真正的生命寶藏……

熊熊，你已經找到生命中真正重要的寶藏。

之後，熊熊的「價值」靈魂重新燃點起來。

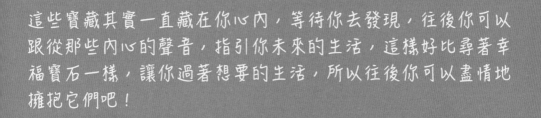

這些寶藏其實一直藏在你心內，等待你去發現，往後你可以跟從那些內心的聲音，指引你未來的生活，這樣好比尋著幸福寶石一樣，讓你過著想要的生活，所以往後你可以盡情地擁抱它們吧！

價值觀

聲音導航

臨床心理學家解說
Jessica

「價值觀」就是我們認為怎樣的生活是最重要的?我們想成為一個怎樣的人?並持續地在生活各方面中實踐(如:工作、學習、個人成長、健康、餘暇活動、關係)。我們要留意不要把「價值觀」和「目標」混淆起來!假若「價值觀」代表指南針,「目標」就是目的地。譬如:如果「關愛」是我的價值觀,我會好好聆聽並照顧身體的需要,多關心我重視的人,悉心照料家中的植物,定期打掃書架上的書,把塑膠廢物放到回收箱等。價值觀沒有對與錯或好與壞之分,重要的是我們能否找出我們的價值觀並認真地實踐在我們每一天的生活中。故事中,熊熊重視的價值觀是真誠、關愛、尊重、接納和勇氣,那你的價值觀又是什麼呢?

第六章　承諾行動

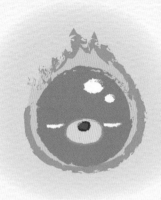

熊熊和自在大師看著最後一個靈魂 -「行動」的靈魂。

自在大師拿出水晶球，他邀請熊熊回顧最重視的東西。

熊熊擁抱著「價值」的靈魂，

真誠、關愛、尊重、接納和勇氣，這些價值慢慢浮現在水晶球內。

真誠

關愛　尊重

接納

勇氣

謝謝你對自己的坦誠和開放！隨著你對自己生命中重視的「價值」變得越來越清晰，水晶球的光芒也變得更明亮了！

對！我願意在往後的日子真誠地擁抱每一段遇上的關係，我明天會起程返回「心靈綠洲」，好好地與自己、家人和同伴相處。也會好好關心彼此的需要、尊重和接納彼此之間的不同。

小晶球對承諾的行動產生反應，

之後，小晶球變成了手環的形象，

自動地戴在熊熊的手上。

由現在開始，手環會無時無刻和你一起，陪伴你
做出每個承諾的行動。

最後的靈魂，「行動」也重新燃點起來。

熊熊，你已經重新燃點起六個生命中重要的靈魂火焰了。

承諾行動

聲音導航

臨床心理學家解說
Jessica

當我們找到自己所重視的價值觀後，就可以循序漸進地設定長、中、短期的目標，並下定決心及保持恆心地把它們一一實踐。這樣，我們的生活就會變得更有意義及充滿幸福感。隨著時間、成長經驗或外在環境等變遷，我們有機會需要改變原本訂立的目標，否則我們的堅持可能會變成固執，幸福追求不了且為自己帶來不必要的痛苦。假如我們不知如何作出一些改變時，或者可以嘗試從這個反思開始：去實踐 _____ 價值觀，我可以做最小的、最簡單的、最容易的一步或行動是什麼呢？

最後一章

豐盛人生

熊熊燃點起所有靈魂火焰後，感到比從前更自在、更從容、更有活力。

自在大師身上發出溫暖、和諧的光芒……

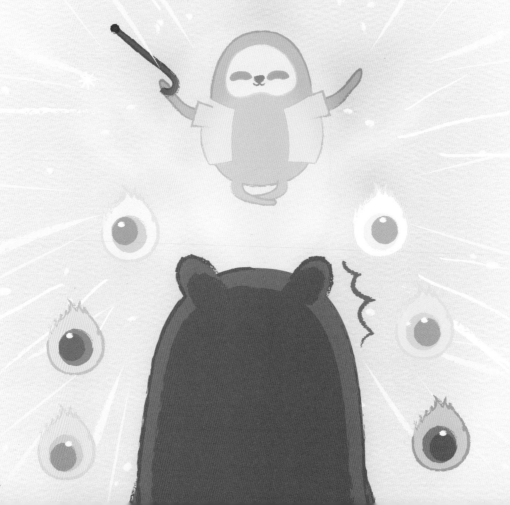

這份光芒，化為了……

這就是……「幸福寶石」嗎？

你好，這是我原來的面貌。其實幸福快樂可以不同的形式存在於人間，幸福快樂或許比想像中更容易接近。

幸福可以是……
專注在每一下腳步，專注身邊的環境。

吸一口氣、呼一口氣。

自在、開放地面對生活的一切。
擁抱快樂，同樣也擁抱痛苦。

最後，熊熊啟程回到「心靈綠洲」。

從那天起，雖然會有人不理解熊熊，但他仍然努力學習在「生命都市」中領悟的一切。

亦把這趟旅程的經歷分享給其他人⋯⋯
讓大家都能擁把「幸福快樂」。

你找到屬於自己的
幸福寶石了嗎?

豐盛人生

聲音導航

臨床心理學家解說
Jessica

生活中，我們可能因遇到不同難關或挫折而被負面感受和想法沖昏頭腦，因而忘記了自己生活的價值觀，並做出一些令自己更痛苦的行為。希望透過熊熊的故事能夠讓你了解到怎樣好好運用六個心理靈活性的元素，亦即六個「靈魂火焰」去創造有價值、意義和幸福的生活，尋找屬於你的「幸福寶石」。

出版及印刷資料

出版 ············· 基督教家庭服務中心 精神健康服務

陸續出版有限公司

電話 ············· (852) 3521 1611

地址 ············· 觀塘翠屏道3號

顧問 ············· 鄧聿琪博士 (Jessica) 臨床心理學家

梁少玲女士 副總幹事

督印 ············· 何振熙先生 服務總監 (精神健康)

作者 ············· 周倩儀女士 高級經理

歐士原先生 計劃統籌員

編輯委員會 ······ 周倩儀女士 高級經理

歐士原先生 計劃統籌員

設計及插畫 ······ 歐士原先生 計劃統籌員

發行 ············· 香港聯合書刊物流有限公司

印刷 ············· d creation

售價 ············· $100

ISBN ············· 978-988-75840-2-5

版次 ············· 2022年2月

印量 ············· 1000本

追蹤

定期更新「熊熊」與「你」的故事！

 Bear Your Mind 熊不喜歡孤單一個　　　⬤ bearyourmind_cfsc

與熊熊經歷更多故事